LOUIS VOSSION

LES ILES SAMOA

ET

L'ARRANGEMENT ANGLO-ALLEMAND.

PARIS

TYPOGRAPHIE PLON-NOURRIT ET Cie

RUE GARANCIÈRE, 8

1900

LOUIS VOSSION

LES ILES SAMOA

ET

L'ARRANGEMENT ANGLO-ALLEMAND

PARIS

TYPOGRAPHIE PLON-NOURRIT ET Cie

RUE GARANCIÈRE, 8

—

1900

(Extrait de LA REVUE HEBDOMADAIRE)

LES ILES SAMOA

L'ARRANGEMENT ANGLO-ALLEMAND

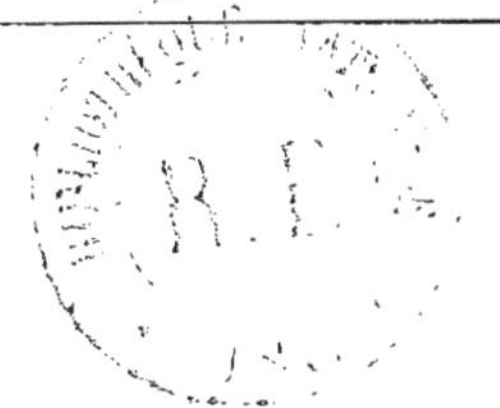

Au moment où l'arrangement conclu entre l'Angleterre et l'Allemagne fixe la destinée, jusqu'alors indécise, de l'archipel des îles Samoa, il n'est pas sans intérêt pour nous d'étudier d'un peu près la question. Jusqu'à ces dernières années, la France, l'Angleterre et l'Espagne avaient, seules, un champ bien déterminé d'influence dans le Pacifique. Aujourd'hui l'Amérique et l'Allemagne apparaissent au premier plan : la première aux îles Hawaï, à Pago-Pago, à Guam et à Manille; la seconde, aux Carolines et aux îles Samoa. De plus, l'abandon des îles Tonga à l'Angleterre lui donne, avec un port merveilleux dans le Pacifique sud, un poste d'observation d'où elle peut surveiller et accabler, à un moment donné, nos établissements d'Océanie.

Les détails de l'arrangement anglo-allemand ont été publiés partout : nous nous limiterons à ce qui concerne les îles Samoa.

Découvertes, au siècle dernier, par Bougainville, qui leur donna le nom d'îles des Navigateurs, ces îles sont situées entre 13° 30' et 14° 30' de latitude sud, et les 163° et 173° degrés de longitude ouest de Greenwich. Elles comprennent quatorze îles ou îlots, dont quatre, seulement, ont une certaine importance : Sawaii, Upolu, Tutuila et Manua. Comme on peut le voir par la carte ci-contre, l'arrangement récent divise l'archipel en deux parties, que divise le 171° méridien : la partie située à l'ouest devient propriété absolue de l'Allemagne, c'est-à-dire Sawaii et Upolu, avec le port d'Apia; la partie située à l'est, c'est-à-dire Tutuila et Manua, en négligeant les îlots, celle des Etats-Unis.

Avant d'arriver à une esquisse rapide des événements qui ont amené l'annexion des îles, il sera utile de dire quelques mots sur ces îles elles-mêmes, sur leur climat et la race indigène qui les habite. Comme tous les autres groupes d'îles du Pacifique, les Samoa sont d'origine volcanique, entourées de récifs madréporiques dangereux pour la navigation, l'action, à la fois lente et puissante des coraux modifiant d'âge en âge leur structure primitive. Leur climat est celui des contrées tropicales, tempéré par le souffle des alizés. L'île du milieu du groupe, Upolu, qui contient Apia, port de l'archipel et siège du gouvernement, a 70 kilomètres de long sur 25 de large. Elle est attribuée aux Allemands. Du large, elle apparaît couverte de forêts, aussi sombres d'apparence que des forêts de pins, à l'arrière-plan desquelles s'élèvent de hautes roches volcaniques; dans les déchirures de leurs granits, on voit briller, de distance en distance, des cascades d'eaux vives, dont le soleil fait étinceler de mille couleurs les nappes écumantes. Le spectacle en est plein de grandeur.

Upolu renferme à peu près la moitié de la population totale du groupe. Elle a 18,000 habitants, Sawaii en ayant 12,000, et Tutuila 4,000, ce qui laisse environ 2,000 habitants pour les petits îlots, atolls et rochers.

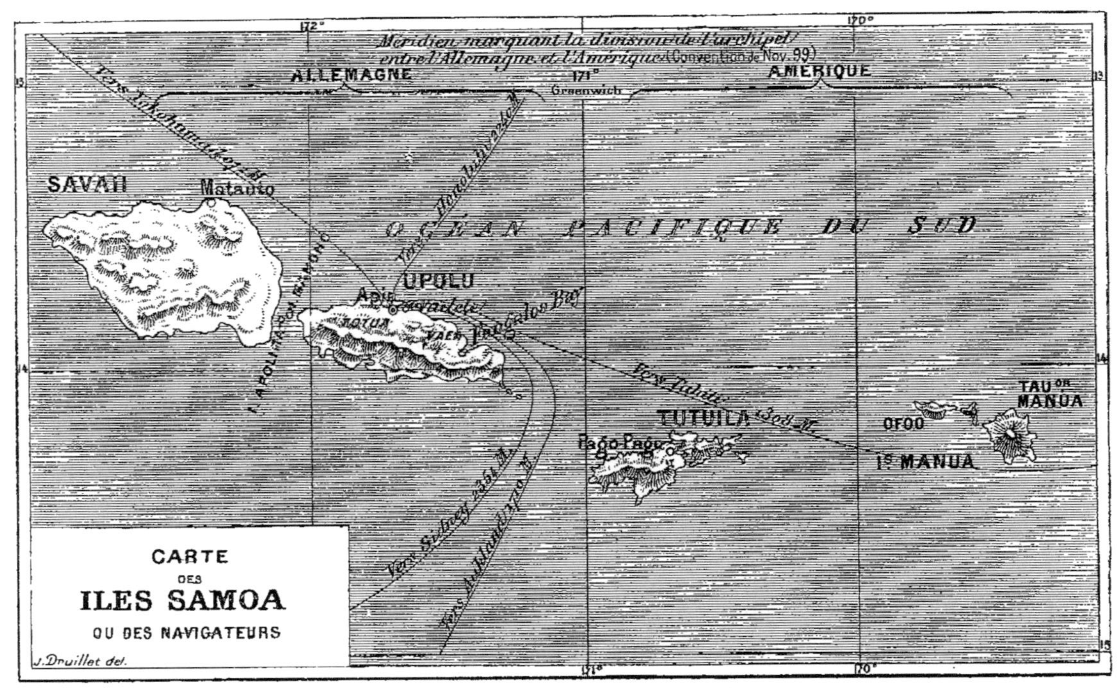

Méridien marquant la division de l'archipel
entre l'Allemagne et l'Amérique (Convention de Nov. 99)
ALLEMAGNE
AMÉRIQUE
Greenwich
OCÉAN PACIFIQUE DU SUD
SAVAII
Matauto
UPOLU
Apia
Saovaitete
Apolima Bay Pago Pago Bay
I. APOLIMA OU SALEMONO
Vers Johannesdorf M.
Vers Honolulu
Vers Tahiti
TUTUILA Sed M.
Pago Pago
OFOO
IS MANUA
TAU OU MANUA
Vers Sidney 2304 M.
Vers Auckland 1700 M.
172°
171°
170°
CARTE
DES
ILES SAMOA
OU DES NAVIGATEURS
J. Druillet del.

Sawaii, cédée également aux Allemands, n'est guère séparée d'Upolu que par un bras de mer de deux lieues; mais elle est couverte de hautes montagnes et d'impénétrables forêts; elle offre bien moins de ressources qu'Upolu. D'après les légendes océaniennes, c'est de Sawaii que seraient parties les migrations de Polynésiens, qui ont peuplé Tahiti, les Marquises, les îles Hawaï; elle offre à ce point de vue, pour l'histoire de la Polynésie, un grand intérêt historique et ethnographique qui n'échappera certainement pas aux savants allemands. Son seul port est Matauto, entouré de récifs, et ouvert de tous côtés aux vents du large. Une route qui, sur quelques points, n'est qu'un mauvais sentier, fait tout le tour de l'île. C'est sur le bord de cette route que s'égrènent, comme un chapelet, les villages indigènes, aux huttes coniques, perdus et comme enfouis dans des masses de feuillages épais, d'où s'élancent vers le ciel les cimes élégantes des cocotiers, pareilles à des fusées végétales. Leur fruit séché constitue la principale exportation des îles : le coprah. Mis en sacs d'à peu près 60 livres, ce produit est dirigé sur Apia, d'où il est exporté à Hambourg, Sidney, Liverpool ou San Francisco. On en tire une huile excellente, et la pulpe sert à nourrir le bétail ou est employé par les confiseurs. Il en a été exporté, en 1897, environ 7,000 tonnes du port d'Apia. Avec l'occupation allemande, cette exportation augmentera considérablement.

La troisième île importante du groupe est Tutuila, à l'est, qui est attribuée aux Américains. Elle a environ 25 kilomètres de longueur, et contient l'admirable baie de Pago-Pago, qui peut se comparer à la baie de Pearl Harbor, près d'Honolulu. Toutes deux peuvent contenir des flottes entières.

Les Samoans, comme les indigènes des Tonga, de Tahiti, des îles Marquises et des îles Hawaï, sont de

SOLDATS DE LA GARDE DU FEU ROI MALIETOA A APIA

race polynésienne, du même rameau indo-malais. Bien
membrés, musculeux, marins intrépides, ils offrent à
l'observateur des traits remarquables de simplicité, de
franchise et d'hospitalité. On peut dire que ce sont,
physiquement, de très beaux spécimens de la race
humaine. Leurs cheveux, qu'ils aiment à teindre en
jaune, à la chaux, sont soyeux, très longs et d'un
beau noir. Les femmes samoanes sont jolies et fort
gracieuses, comme, d'ailleurs, les Hawaïennes et les
femmes de Tahiti et des Marquises, dont elles sont les
sœurs de race. La Rarahu, de Pierre Loti, eût pu
vivre dans l'île d'Upolu. En dehors des villes, elles
portent autour de la taille le « tapa », étoffe provenant
de l'écorce d'un mûrier à papier, que l'on décore en la
battant à plat, avec des bâtons de bois dur gravés de
dessins en creux. Malheureusement, les horribles robes
européennes commencent à se répandre dans les îles,
gâtant, par leur banalité lourde, la grâce de ces cos-
tumes primitifs, que décorent si harmonieusement des
guirlandes de fleurs et de feuilles parfumées, jetées à
profusion autour du cou et sur les épaules nues !

On ne remarque guère qu'une seule différence un
peu sensible entre les Hawaïens et les Samoans :
ces derniers pratiquent le tatouage, qu'ignorent les
Hawaïens. Tout enfant mâle, arrivé à l'âge viril, est
tatoué par un procédé assez douloureux, qui rappelle
celui que j'ai vu employé par les Birmans à Mandalay.

Le langage samoan est le même que le hawaïen et
le tahitien, il n'existe entre eux que des différences
légères d'inflexion de certaines finales. Comme aux
îles Hawaï, les Samoans ont pour liqueur favorite
l'awa, jus fermenté du « piper methysticum »; dans les
deux pays, ce sont les femmes qui le préparent; assises
en rond et mâchant les racines de la plante, elles cra-
chent tour à tour le jus obtenu dans une calebasse
placée au centre du cercle, ce qui ne laisse pas, tout

d'abord, d'être assez répugnant pour l'étranger, si jolies que soient les distilleuses primitives.

Les Samoans sont tous chrétiens, au moins nominalement, les uns protestants, les autres catholiques. On trouve aussi, dans l'archipel, quelques chapelles bâties par des pasteurs mormons, venus de l'Utah, gens très respectables et que les natifs prennent assez facilement en affection. Ils sont assez réservés, tant aux Samoa qu'aux Hawaï, sur le point spécial de la polygamie ; mais leurs idées particulières à ce sujet, parfaitement connues des indigènes, n'ont rien d'étrange pour eux, et sont plutôt en accord avec leurs anciennes coutumes, touchant la liberté des mœurs.

Les Polynésiens ont, en effet, un sens très spécial et assez limité de la pudeur, telle que nous la comprenons. Jamais la parole que « ce n'est pas le nu qui est immoral, mais le déshabillé » ne fut plus vraie que pour ces peuples à l'âme ensoleillée et enfantine. Entre les mains des Européens, qui imposèrent aux femmes des vêtements lourds et disgracieux, cette pudeur spéciale est devenue de l'hypocrisie, comme leur belle santé de jadis, due à la vie en plein air, a fait place aux ravages de la phtisie. Le Polynésien n'est, d'ailleurs, jamais qu'un chrétien de surface, restant, au fond du cœur, invinciblement attaché à ses anciennes superstitions. Quand il est malade, il a plus foi dans ses *kahunas* que dans les médecins.

Quant à la paresse des Samoans, elle est extrême. Le beau soleil qui les éclaire, la douceur de leur climat, la multiplicité des fruits et des plantes nourricières qui croissent à la portée de leur main, l'abondance des poissons dans leurs eaux, font qu'ils ne se rendent même pas compte de la nécessité du travail. Aussi refusent-ils presque tous d'aliéner leur liberté et de s'engager sur les plantations établies par les Européens ; il leur semble qu'ils deviendraient, en le faisant, des sortes d'esclaves, eux dont les ancêtres, depuis tant de siècles, ont toujours vécu indépendants au sein d'une nature féconde, faisant de la vie une fête, et se jouant librement dans les flots qui baignent leurs îles enchantées. Le même phénomène se rencontre, identique, aux îles Hawaï : le Hawaïen est peut-être même encore plus irréductible, sur ce point, que le Samoan. Aussi, les planteurs d'Hawaï ont-ils été forcés d'importer, pour leurs plantations, des Chinois, des Japonais, des Portugais, au point que les représentants de ces trois seules races forment aujourd'hui à eux seuls un groupe de 60,000 individus, plus de la moitié de la population de l'archipel hawaïen, et ce mélange de races présage pour l'avenir, aux États-Unis établis à Honolulu depuis le 12 août 1898, des difficultés de toute nature.

Le climat, comme nous l'avons dit, est parfait aux Samoa : le thermomètre y évolue, toute l'année, entre 20° et 32° centigrades ; les nuits y sont toujours fraîches et les brises constantes. Il y a deux saisons comme dans toutes les îles du Pacifique sud, la saison chaude et pluvieuse de janvier à avril, et la saison sèche d'avril à la fin de l'année. C'est la meilleure époque pour les visiteurs ; ceux-ci y viennent d'Amérique ou d'Australie par les navires de l'*Oceanic steamship Co*, qui touchent à Apia deux fois par mois, une fois à l'aller et une fois au retour, entre San Francisco et Sidney, *via* Honolulu. C'est en raison de la douceur extrême du climat samoan que le poète Robert-Louis Stevenson, déjà malade, y avait planté sa tente, et ce séjour prolongea incontestablement sa vie. Son souvenir est demeuré cher aux Samoans ; il avait construit à Fahima, non loin du volcan éteint qui domine Apia (comme le Punchbowl domine Honolulu), une superbe maison, type des villas à construire dans les îles océaniennes par les Européens, bien protégées du soleil, recevant à toute heure du jour les brises propices, et entourées de jardins merveilleux, d'où le regard s'étend à l'infini sur l'Océan.

Au milieu du siècle, le commerce des îles était entièrement aux mains des Anglais. Plus tard, les Allemands et les Américains vinrent en prendre leur part. Séduits par la fertilité du sol, les Allemands s'y établirent en assez grand nombre ; ils obtinrent de la petite dynastie indigène des concessions de terrain, et y établirent des plantations, exactement comme les descendants des missionnaires protestants le faisaient à la même époque aux îles Hawaï.

En 1875, le président Grant, qui fut, en bien des choses, un précurseur éclairé, envoya dans les îles un agent spécial, un certain colonel Steinberg, en vue d'obtenir le droit d'établir un dépôt de charbon à Pago-Pago ; il y réussit après d'assez longs pourparlers. Ce personnage, très intrigant, gagna la confiance du roi et aida les natifs à se donner une sorte de constitution. Il fut pour beaucoup dans l'arrangement conclu en 1878 entre l'Angleterre, l'Allemagne et l'Amérique, par lequel, pour mettre fin à des dissensions perpétuelles entre colons des différentes nations, le port d'Apia était soustrait à l'administration des autorités indigènes et régi par une commission municipale formée des consuls des trois pays et de trois personnes désignées par eux. Les natifs donnèrent au district ainsi aliéné le nom d' « Eleele Sa », terre sacrée, en quelque sorte « Tabou ». Le roi devait être élu par un sénat de sept chefs, nommé Taimura.

A la première élection, Malietoa Laupapa fut élu, et deux vice-rois lui furent adjoints, Tamasese et Mataafa. Pour mieux comprendre ce qui va suivre, il est bon de dire que les Samoans, comme tous les Polynésiens, reconnaissent dans leur sein une aristocratie spéciale, formée d'un certain nombre de familles nobles,

DANSE ASSISE

nommées *Arii* ou *Alii*, pour lesquelles le peuple professe un profond respect. C'est parmi ces nobles que le roi est toujours choisi. Kaméhaméha Ier, le Napoléon polynésien, dont on peut voir la statue monumentale à Honolulu, était un membre des Arii d'Hawaï. C'était une sorte de féodalité primitive : chaque chef avait ses suivants et ses serviteurs, qui lui obéissaient aveuglément; de là les luttes qui ne manquaient jamais d'ensanglanter le pays, dès que le trône devenait vacant, les étrangers prenant parti pour l'un ou l'autre des aspirants, selon leur intérêt.

Laupapa n'était pas l'ami des Allemands, qui soutenaient son rival Tamasese. Après une série de discussions, dont le détail serait oiseux, le consul allemand accusa le roi d'avoir insulté le drapeau de son pays et permis le pillage des plantations de ses compatriotes. Il lui infligea une forte amende, et réclama une indemnité de 10,000 dollars en faveur de ses nationaux. Laupapa refusa et s'enfuit d'Apia; trois navires allemands : l'*Adler*, l'*Eber* et l'*Olga*, vinrent mouiller dans le port et hissèrent le drapeau de Tamasese; 800 hommes et deux pièces de canon furent débarqués, et Laupapa, fait prisonnier, fut interné aux Camerons, puis en Allemagne, et enfin aux îles Marshall. Ceci se passait en 1888.

Cette intervention violente fut loin de ramener le calme. Mataafa, soutenu par de nombreux partisans, prit les armes, à son tour, contre Tamasese. Les marins allemands soutinrent énergiquement ce dernier : dans une véritable bataille rangée, une vingtaine d'entre eux furent tués et un grand nombre blessés. Alors le commandant de la petite escadre allemande déclara Apia en état de siège, supprima le journal anglais et bombarda quelques villages. — Les Allemands se considéraient déjà à ce moment comme les maîtres du pays. — Mais il y avait alors à Apia, cómme agent américain, un homme de beaucoup d'énergie, Mr. Harold M. Sewall, qui, depuis, a joué un rôle important dans le Pacifique. C'est lui qui, le 12 août 1898, a présidé à Honolulu, au nom de M. Mc. Kinley, au transfert de la souveraineté des îles Hawaï aux États-Unis.

Déjà, à cette époque, partisan résolu de l'extension américaine, impérialiste avant la lettre, comme ceux qui, aujourd'hui, en sont arrivés à vouloir, sous prétexte qu'ils ont délivré Cuba, annexer les Philippines, M. Sewall se rendit à Washington et manœuvra si bien que, pressé par le cabinet de Washington, M. de Bismarck fit savoir officiellement à l'agent allemand à Apia que l'annexion qu'il sollicitait était impossible, en raison des protestations de l'Angleterre et des États-Unis. Le conflit menaçait de s'éterniser, quand survint, dans la nuit du 15 mars 1889, cet épouvantable cyclone que l'on n'a peut-être pas oublié, et qui étendit ses ravages dans le Pacifique sur une énorme étendue : sept navires de guerre se trouvaient à ce moment dans le port : trois allemands, trois américains, un anglais. Tous furent brisés sur les récifs et jetés à la côte, sauf la canonnière anglaise *Calliope*, qui parvint à gagner le large. Mataafa, bien que combattu par les Allemands, donna une preuve de générosité en sauvant·la vie à un grand nombre de leurs marins. D'ailleurs ce beau fait ne lui profita guère, pas plus que ne profitera aux Boers leur générosité envers les Anglais prisonniers au Transwaal.

Quoi qu'il en soit, ce sinistre épouvantable fit plus pour apaiser les rivalités que tout le reste, et d'un commun accord une conférence fut convoquée à Berlin entre les trois puissances pour jeter les bases d'un condominium mieux compris et nommer un roi. On écarta Mataafa et Tamasese, et Malietoa Laupapa, rappelé d'exil, fut mis sur le trône. Les trois puis-

sances s'engageaient mutuellement à respecter l'indépendance de l'Archipel. Un chief-justice devait être
nommé par elles, ou, à défaut d'entente, par le roi de
Suède et Norvège : ce magistrat devait décider des
procès entre les sujets des trois nations, ou entre les
indigènes et les blancs. Son tribunal était établi à
Apia, sur le terrain réservé, et administré par les
consuls des trois nations. En cas d'élection du roi, si
les électeurs ne parvenaient pas à s'entendre, il devait
faire lui-même la nomination, sans appel. C'est de
cette dernière clause du traité que sont nées les difficultés ultérieures qui ont amené, d'abord l'abolition de
la royauté, et enfin le partage et l'annexion pure et
simple des îles.

Quand, en effet, Malietoa mourut, au mois d'août
de l'année dernière, les Samoans furent incapables
de s'entendre sur le nom d'un successeur.

Après que Malietoa eût été enterré par les siens à
Muluinu, près d'Apia, le 20 août 1898, avec les rites
anciens du pays, une proclamation fut lancée par les
trois consuls, invitant les électeurs à lui choisir un
successeur. Si le choix n'était pas unanime, le chief-
justice devait faire la nomination, en vertu du para-
graphe 6 de l'article III de la convention de Berlin.

Le peuple se rallia en masse autour de Mataafa,
cousin de l'ancien roi : ses deux concurrents étaient
Malietoa Taunu, fils du roi défunt, avec une minorité
infime, et Tamasese, choisi par les protestants. Le
lecteur comprendra que ces compétitions entre roi-
telets insignifiants n'ont, évidemment, qu'une importance très secondaire; cependant, si l'on veut bien
comprendre les événements qui ont amené l'annexion
du pays, il n'est pas inutile d'étudier avec quelques détails la genèse de ces conflits lointains.

Mataafa avait pour lui les missions catholiques et
l'unanimité des Allemands, c'est-à-dire une immense

majorité. Sans en tenir compte, et pour faire pièce aux Allemands, le chief-justice, M. Chambers, un Américain, déclara Malietoa Taunu élu. Mataafa refusa de se soumettre, réunit ses partisans, livra bataille, s'empara d'Apia, et jeta à la mer les partisans de son concurrent, lesquels se réfugièrent à bord des navires anglais et américains. La bataille fut assez sanglante ; le président Mc. Kinley, inquiet, se décida soudainement à envoyer à Apia le grand croiseur *Philadelphia,* avec l'amiral Kautz, à bord, pendant que des renforts étaient également envoyés de Sydney à l'escadrille anglaise.

Pendant tous ces événements, les Anglais et les Américains avaient agi avec un ensemble parfait : l'union tacite, contractée à Manille, sous les auspices de l'amiral Dewey, se continuait aux Samoa, comme elle s'était, d'ailleurs, déjà révélée aux îles Hawaï, où l'annexion américaine ne souleva pas la plus légère objection, même de formes, de la part de l'agent anglais. Sous l'administration du président Cleveland, Samoa avait été, à peu près, abandonné aux Anglais et aux Allemands, les Américains semblant ne plus guère s'intéresser qu'à leur station de Pago-Pago. Mais, avec la guerre contre l'Espagne, tout changea : le président Mc. Kinley résolut de reprendre, tout entière, la part d'influence revenant aux États-Unis : la possession de Manille donnait en effet à la situation commerciale et stratégique du groupe samoan une importance nouvelle, et l'agent américain Luther W. Osborne reçut les ordres les plus pressants d'agir en accord avec les Anglais, et de restaurer l'influence américaine, en stricte conformité des traités.

Cependant Mataafa était toujours en possession d'Apia, et roi *de facto* de l'archipel. La situation, bien que tendue, était, cependant, paisible, quand les agents anglais et américains s'avisèrent de lancer une procla-

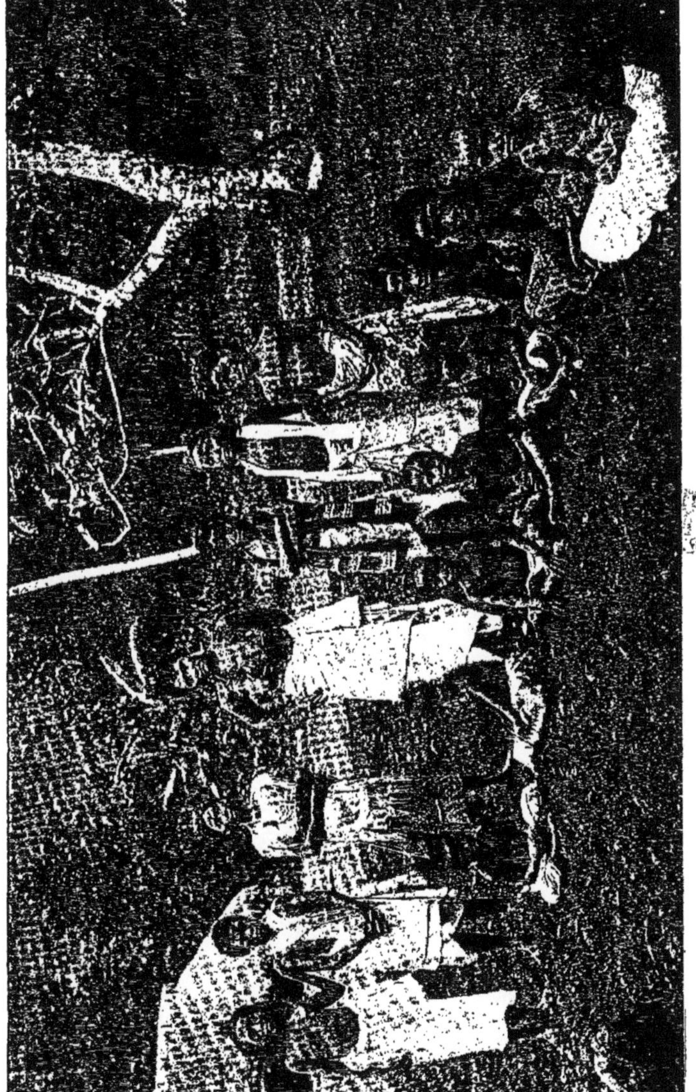

APIA. — GROUPE DE FEMMES ET D'ENFANTS

mation, disant qu'il était faux que Mataafa eût été reconnu par les puissances, que son gouvernement n'était que provisoire, et le menaçant de représailles s'il molestait les partisans de l'élu du chief-justice, Malietoa Taunu, qui était, déclaraient-ils, le seul roi, légalement nommé. Le consul allemand refusa avec éclat de signer le document, et lança une contre-proclamation exprimant l'espoir que le gouvernement provisoire serait en mesure de conjurer le danger nouveau créé par la déclaration anglo-américaine.

Comme on le voit, on était loin de l'entente cordiale. Le croiseur *Philadelphia* jeta l'ancre le 6 mars 1899 à Apia, et l'amiral Kautz vint renforcer le parti anti-allemand. Son premier soin fut de lancer à son tour une nouvelle proclamation ordonnant à Mataafa de licencier ses gens. Le consul allemand répondit par une seconde contre-proclamation affirmant que Mataafa était pleinement dans son droit, que le chief-justice, en ne nommant pas celui qui avait en sa faveur l'immense majorité des Samoans, avait violé la lettre et l'esprit du traité, et était la cause directe du sang répandu et des troubles actuels. Mataafa reprit alors courage et entoura Apia de tous côtés. Néanmoins, en vue de permettre aux trois représentants des pouvoirs de délibérer, il évacua Muluinu, et une sorte de trêve tacite fut convenue. Les Samoans qui s'étaient réfugiés à bord des navires de guerre devaient être ramenés à terre, mais sans armes. Or, au moment même où Mataafa, de bonne foi, parlait à ses hommes de les renvoyer dans leurs villages, la nouvelle lui fut donnée par ses amis allemands que les Anglais et les Américains distribuaient aux réfugiés des fusils à tir rapide et des munitions, en violation de la convention.

Dès lors, tout fut rompu, et les navires anglais et américains résolurent de bombarder les villages de la côte occupés par Mataafa. Ils étaient au moment d'ouvrir le feu, quand le commandant du navire allemand *Falke* annonça son intention de quitter la rade et de gagner la haute mer. Il n'en fut dissuadé qu'à grand'peine par l'amiral Kautz et se contenta de ne prendre aucune part au bombardement. Les Américains prirent d'assaut Muluinu : Mataafa dirigea une attaque sur les consulats anglais et américain, à l'est de la baie, et une série d'escarmouches commença, qui furent assez sanglantes. Le 17 avril, un détachement de deux cents marins anglais et américains, assistés de 150 auxiliaires, fut entouré de trois côtés par un millier de Mataafans, à Fulchima, près de la mission catholique, et à peu près décimé : il y eut une vingtaine de tués. Sur une maison barricadée, on voyait carrément flotter un drapeau allemand. Le lieutenant de vaisseau Lansdale, du croiseur *Philadelphia*, fut pris et décapité. Ce fut une déroute.

Il devenait, dès lors, de plus en plus évident que la paix était impossible à Samoa avec le tridominium et qu'une solution radicale s'imposait. Les trois puissances nommèrent alors une commission avec pleins pouvoirs, chargée de rechercher quelle serait cette solution? Le gouvernement allemand consentit à rappeler le Dr Raffel, président de la municipalité d'Apia, et à le remplacer par M. Wilhelm Solf. Le Dr Raffel s'était absolument compromis dans les échauffourées du mois de janvier, marchant à cheval à la tête des contingents de Mataafa. Il quitta Apia par le steamer *Alameda*, qui toucha Honolulu le 1er mars : j'ai fait le voyage avec lui d'Honolulu à San Francisco; malgré son rappel, il était plein de confiance, et ne paraissait nullement douter que l'avenir n'appartînt à l'Allemagne, aux Samoa : les événements lui ont, comme on le voit, donné raison.

La commission nommée sur la proposition de l'Allemagne, et acceptée par lord Salisbury et le président Mc. Kinley, devait agir en pleine liberté. Toute différente de la commission envoyée par les Américains aux Philippines, qui n'avait qu'un rôle consultatif, celle envoyée aux Samoa devait, d'abord, maintenir l'ordre par tous les moyens, puis, subsidiairement, faire une enquête sur les changements reconnus nécessaires au traité de Berlin. Les décisions des trois commissions, pour être valables, devaient être prises à l'unanimité : cette clause avait été exigée, *sine quâ non*, par l'Allemagne, qui, sans elle, eût été en minorité constante et battue d'avance. Leurs décisions étaient valables et applicables de suite, sauf en ce qui touchait les modifications au traité, qui entraînaient recours au referendum.

Les commissaires se mirent à l'œuvre sans retard. La défaite sanglante du détachement anglo-américain avait exalté les Samoans, et leur attitude était demeurée hostile. Cependant, force resta à la lettre, sinon à l'esprit, du traité de Berlin. Mataafa rendit ses armes et renonça au trône, et Maliétoa-Taunu fut proclamé roi. Mais, en même temps, le chief-justice Chambers était rappelé, et la royauté était déclarée abolie.

C'était une cote mal taillée qui pourvoyait au présent, mais ne facilitait guère les travaux de la commission. Les Allemands, encouragés par la déclaration énergique de M. de Bulow au Reichstag, forts, d'ailleurs, de leur nombre et de l'importance de leurs intérêts, se montraient plus intransigeants que jamais. Les Américains entassaient du charbon et du matériel à Pago-Pago; la situation devenait tellement inextricable, que la commission en vint, tout naturellement, à considérer le partage des îles entre les trois rivaux comme la seule solution logique. En effet, le calme matériel était bien établi, mais il y avait un trouble profond dans les esprits. On rappelait dans la presse américaine que James G. Blaine était partisan du partage, ayant compris, dès le lendemain de la signature du traité de Berlin, que le condominium à trois ne pouvait avoir que de pitoyables résultats.

Il y avait deux objections principales contre ce partage : la première, d'ordre moral, était que les trois puissances s'étaient formellement engagées, dans l'acte de Berlin, à respecter l'indépendance et l'intégrité de l'archipel. Étant donnée l'œuvre de la diplomatie, de par le monde, en ces dernières années, on comprend que cette objection était aussi négligeable que la seconde l'était peu, savoir que l'île d'Upolu, contenant le port et la capitale du pays, la puissance qui recevrait cette île en partage serait très avantagée au détriment des autres. Pendant ce temps, les négociations se continuaient en haut lieu, à Londres et à Berlin. L'Amérique avait une compensation toute prête dans la possession absolue du magnifique port de Pago-Pago. De son côté, l'Angleterre avait, depuis longtemps, jeté un regard de convoitise sur les îles Tonga ; de plus, elle s'assurait la neutralité de l'Allemagne au Transvaal, en lui abandonnant ses droits sur Samoa. Bref, la convention anglo-allemande était tout indiquée pour les circonstances. Elle ne surprit nullement ceux qui avaient suivi de près les événements.

Le nouvel état de choses a le grand avantage de supprimer tout condominium : les Allemands sont maîtres absolus dans la partie occidentale de l'archipel, et les Américains dans la partie orientale. On a bien dit un moment que les États-Unis faisaient mine de ne pas accepter. C'était une simple feinte. A l'issue de la guerre avec l'Espagne, ils avaient négligé de demander une certaine île dans les Carolines, qui leur était presque indispensable comme station de leur câble transpacifique de San Francisco à Manille, en

GUERRIERS SAMOANS

préparation; et, sans doute. feront-ils tout pour l'obtenir, ainsi que des avantages commerciaux, et le traitement de la nation la plus favorisée à Apia. Mais, quel que soit le sort réservé à leurs demandes, leur acceptation finale de l'arrangement anglo-allemand ne saurait être douteuse un seul instant.

Voici donc l'Allemagne installée, définitivement, en maîtresse, à Apia, au cœur du Pacifique! Disons tout d'abord qu'elle n'y gagne pas une bonne station maritime, au lieu que les Américains à Pago-Pago et les Anglais au Tonga acquièrent des ports excellents. Indépendamment de l'importance qu'il y avait à acquérir les bonnes grâces de l'empereur allemand au moment du conflit sud-africain, il n'est pas douteux que c'est cette considération de la *non-valeur d'Apia comme station navale* qui a finalement décidé l'Angleterre à signer la convention. Cette cession, comme jadis celle d'Héligoland, est plutôt une affaire de sentiment pour le peuple allemand, lequel avait pris réellement à cœur les efforts de ses nationaux dans cet archipel lointain.

Qu'est-ce, en effet, que le port d'Apia? Quand il y arrive du large, le voyageur aperçoit devant lui une large baie en forme de croissant, ouverte de tous côtés : une ligne de coraux, à quelques pieds sous l'eau, en défend l'entrée; par un temps calme, les vagues viennent y étaler doucement leur frange d'écume irisée; quand la mer est forte, elles se précipitent avec un bruit sourd contre ces dangereux récifs. Il n'y a dans cette ligne de brisants qu'une légère coupure où les pilotes engagent les navires avec précaution. En 1897, il est entré dans le port 77 navires, représentant 85,900 tonneaux. Une fois entrés, les navires trouvent un assez bon mouillage à environ un demi-mille de la côte. Les cyclones sont rares : pourtant, celui du 15 mars 1889, dont nous parlons plus haut, fut terrible : six navires de guerre jetés à la côte et plus de 150 hommes noyés. La route qui longe la baie est, sur toute sa longueur, bordée de maisons, de huttes et de jardins; à l'extrémité ouest, c'est-à-dire à la droite du voyageur, faisant face à Apia, se trouve Muluinu, séjour historique des rois de Samoa; à côté de Muluinu, en allant vers l'est, on rencontre Matafele, où les intérêts allemands ont été concentrés; puis vient un pont, traversant une petite rivière, le Muliwai, et enfin on est à Apia proprement dit, où se trouvent les maisons de la plupart des colons étrangers, les bureaux du port, les maisons de commerce, les tribunaux et un hôtel assez confortable, analogue au Royal-Hawaïen Hôtel d'Honolulu. Après avoir traversé un autre petit torrent, le Vaisingano, on arrive enfin à la pointe est de la baie, où sont bâtis les consulats d'Angleterre et des États-Unis; puis vient une série de petits villages indigènes, échelonnés sur la rive, à peine visibles, au milieu de l'admirable végétation qui les entoure.

Pour l'étranger, toute cette ligne circulaire que nous venons de décrire, c'était Apia; pour le résident, mieux informé, chaque point conservait son nom et son état distinct. Or, ce n'était qu'Apia lui-même, c'est-à-dire le point central du port, que le traité de Berlin avait neutralisé et placé sous l'administration des consuls des trois pays. En dehors d'Apia, les indigènes étaient libres, sauf en ce qui concernait les titres de propriété des terres, les litiges à la Cour suprême et l'interprétation du droit de succession au trône. Pour tout le reste, les étrangers n'avaient pas à intervenir. Cette observation permet de mieux comprendre la genèse et la signification des litiges sans fin qui s'élevaient entre les naturels du pays et les étrangers. Avec la mainmise de l'Allemagne, cet ordre de choses va évidemment changer.

Maintenant, quelle est l'importance économique de

la nouvelle acquisition allemande? L'archipel des îles Samoa est cinq fois moins grand que celui des îles Hawaï, acquis par les Américains il y a un an et demi. Mais sa population, qui est d'environ 36,000 habitants, dont environ 500 blancs, est deux fois plus dense qu'à Hawaï. Par contre, son commerce total, à l'importation et à l'exportation, est seulement de 3 millions de francs par an, soit un peu plus de 80 francs par tête d'habitant, au lieu qu'aux îles Hawaï il s'est élevé, pour 1897, à 123 millions de francs, à peu près 1,000 francs par tête, douze fois plus qu'à Samoa. Cet écart s'explique par ce fait, que les blancs ne représentent guère aux Samoa qu'un et demi de la population totale, au lieu qu'aux îles Hawaï, cette proportion s'élève à 7 p. 100, non compris les Portugais importés des Açores pour le travail des plantations. En y comprenant les Portugais, on arriverait à 20 p. 100, mais cette addition serait de nature à induire en erreur, car les Portugais d'Hawaï ne sont, en partie, que des demi-blancs, et ne sont jamais, dans les statistiques, confondus avec les Américains et les Européens. L'annexion allemande va, sans doute, attirer aux îles Samoa une immigration blanche qui sera de nature, avant peu d'années, à rapprocher leur condition économique de celle des îles Hawaï. L'exportation des îles consiste surtout en coprah, avec un peu de coton et de café. On verra certainement s'y joindre, dans peu d'années, du cacao, de la vanille, du tabac, du caoutchouc et autres produits tropicaux.

Au moment où l'on s'occupe des points d'appui de notre flotte à l'étranger, il n'est pas sans intérêt, au point de vue de nos établissements français de l'Océanie, de connaître les travaux faits à Pago-Pago par les Américains. Il y a six mois, l'*Abaranda* y a porté 4,000 tonnes de charbon. En vue du quai à construire, 2,000 tonnes d'acier ont été commandées à Pittsburg, aux usines Carnegie. Les fondations, pour le quai, reposeront sur les coraux ; le dépôt pour le charbon, proprement dit, tout en acier et fonte de fer, aura 50 mètres de long sur 35. Le quai lui-même aura 150 mètres de longueur et coûtera un million et demi de francs. Enfin, on fait des sondages en vue du creusement de l'entrée du port intérieur, et des plans sont en préparation pour des cales et des ateliers. Le travail, terminé en 1900, donnera aux États-Unis un point d'appui considérable au cœur du Pacifique sud.

L'annexion des îles Hawaï et celle des Tonga et des Samoa par des puissances rivales montre qu'il est grand temps pour nous de sortir de notre torpeur à Tahiti. Malgré les pétitions de la Chambre de commerce de Papeete pour l'établissement d'une ligne de navigation française entre Sidney, Tahiti et San Francisco, c'est toujours une ligne américaine qui fait communiquer nos établissements français avec les États-Unis. Écoutez ce que dit un journal de San Francisco à ce sujet : « Tahiti, reliée à San Francisco par une ligne américaine, c'est, à brève échéance, l'accaparement de tout le commerce des établissements français de l'Océanie, et *leur colonisation par les Américains.* » En un mot, on réserve à nos colonies, dans un avenir indéterminé, mais appréciable, le sort des colonies espagnoles. Il est impossible que les changements accomplis dans ces dernières années dans le Pacifique ne nous montrent pas l'urgence qu'il y a à agir sans délai pour détourner le coup dont on nous menace.

Et maintenant, à un autre point de vue, le sort en est jeté ! La race polynésienne a cessé d'exister comme race indépendante ! Avec la prise de possession définitive des Samoa et des Tonga par les blancs, en disparaissent les dernières communautés libres. Il semble que leurs derniers rois aient eu comme un sinistre pressentiment de ce qui les attendait ; un détail, à ce sujet, peu connu est vraiment significatif. En 1886, trois ans avant le traité de Berlin, le roi des îles Hawaï, Kalakawa, descendant des Kaméhaméha, envoya des agents secrets d'Honolulu à Apia, pour proposer au roi de Samoa, Maliétoa Laupapa, avec une naïveté d'ailleurs touchante, une alliance offensive et défensive, et l'année suivante, une convention, jurant amitié éternelle, fut, en effet, signée entre les deux petits rois.

Seulement, il y était stipulé (art. VIII) que l'arrangement était subordonné aux arrangements antérieurs des deux gouvernements ; or, quelques mois après, Maliétoa était détrôné par les Allemands et envoyé en exil, et Hawaï, de son côté, n'était déjà plus libre. Car en signant, en 1876, le traité de réciprocité avec les États-Unis, Kalakawa avait assuré la fortune des plantations, mais compromis à jamais son indépendance. Il était trop tard. Le destin qui avait marqué la fin de cette belle race devait s'accomplir ! Rien ne pouvait plus en arrêter le déclin, et, au siècle prochain, elle ne survivra guère que sous forme de métis. Il se prépare même, aux îles Hawaï, un rameau sino-hawaïen, très intéressant pour les ethnographes.

Les Samoans, comme leurs frères des îles polynésiennes, sont intelligents et courageux, mais, hélas ! d'une paresse désespérante. Ils se sentent écrasés et, au fond, ils haïssent cette civilisation nouvelle qui leur prend leurs terres, les réduit à la misère et leur donne en échange l'eau-de-vie, la poudre et les versets de la Bible, leur enlevant toute cette joie de vivre au grand soleil, qu'ils avaient, si pleinement, dans leurs îles fortunées, avant la venue du blanc maudit !

En tout cas, ce n'est pas sur eux, mais sur une main-d'œuvre importée, probablement japonaise, que les Allemands devront compter pour mettre en pleine valeur leur nouvelle possession d'Océanie. Quoi qu'il en soit, et puisque la loi d'airain du progrès ne permet de donner qu'un regret platonique à la disparition de plus en plus rapide de la belle race polynésienne, la prise de possession des Samoa et des Tonga par les Allemands et les Anglais, et d'Hawaï par les États-Unis, nous force, en revanche, à considérer sérieusement et au point de vue de l'intérêt français les changements profonds qui viennent, ainsi, de se produire dans le champ d'influence des grandes puissances dans l'océan Pacifique, et qui constituent pour nous, sinon un danger immédiat, du moins une raison de plus de ne pas nous endormir et de préparer l'avenir!

PARIS. TYP. PLON-NOURRIT ET C\ie, 8, RUE GARANCIÈRE. — N° 937.

PARIS

TYPOGRAPHIE PLON-NOURRIT ET Cie

8, RUE GARANCIÈRE